AF338546

M. LOUIS LANGLOIS.

M. LOUIS LANGLOIS.

La mort qui frappe sur tous les âges et sur tous les rangs, sans cesse et sans distinction, vient d'enlever inopinément et, pour ainsi dire, en pleine santé, par un de ses coups les plus douloureux, un homme aussi remarquable par les facultés de son esprit que par les qualités de son cœur.

M. Louis Langlois était fort connu dans le monde et y était très-recherché. Il y portait les dons heureux qui provoquent l'estime et font naître l'affection. Il appartenait à cette génération aimable et gracieuse, dernier reflet de l'ancienne société; génération qui s'éteint chaque jour comme un regrettable écho et disparaît sans laisser de traces; qui était le charme des salons, et qui se faisait distinguer encore et chérir par l'élégance dans les manières, la courtoisie dans les relations, l'élévation dans les sentiments, enfin par ce ton galant, aisé, de bon goût, qui savait si finement allier la discrétion à la liberté, la familiarité au respect. Souvenir fâcheux pour le laisser-aller quelque peu barbare d'à présent; contraste humiliant pour notre orgueil, blessant surtout pour les femmes, qui mettent, avec raison, tant de prix à ces prévenantes attentions, à ces soins ingénieux et complaisants, à ces déférences flatteuses, à cette noble urbanité, à ces hommages empressés, à ces mille riens importants qui sont pour leur constitution délicate et sensible les fleurs de la vie.

M. Langlois était particulièrement répandu dans la haute société, et il y tenait bien la place que ses mérites lui assignaient. Mais l'applaudissement qu'il y obtenait ne pouvait remplir son existence ni satisfaire son cœur. S'il aimait à plaire, il aimait encore plus à servir; aussi s'était-il curieusement appliqué à devenir un homme sérieux et solide en même temps qu'un homme agréable. Après avoir fait de fortes études au Lycée Charlemagne, il n'en avait pas fait de moins bonnes à l'École de Droit, et il s'était rendu un humaniste excellent, et un jurisconsulte habile. Personne ne connaissait mieux les affaires, n'était de meilleur conseil, et s'il se fût voué au barreau, il s'y serait signalé parmi les avocats les plus éminents. Un bel avenir l'attendait aussi s'il se fût consacré à la magistrature ou à l'administration ; mais, exempt d'ambition, pourvu de quelque fortune, il préféra un sage repos à la renommée et une modeste indépendance aux chaînes dorées. « Il eut, comme dit la » Bruyère, assez de fermeté et assez d'étendue » d'esprit pour se passer des charges et des em- » plois, et consentir à rester chez soi et à ne » rien faire. Il eut assez de mérite pour jouer ce » rôle avec dignité et assez de fonds pour rem- » plir le vide du temps, sans ce que le monde » appelle les affaires. Il pensa que méditer, lire » et être tranquille était un noble travail. »

Par une suite naturelle de ces idées, à côté de la société du monde, M. Langlois s'en était formé une autre, celle des livres ; société sans déceptions et sans mécomptes, société paisible, variée, piquante, qu'on trouve toujours sans caprices, sans exigences, en tout temps égale, qui ne fait défaut en aucun moment, soit qu'on la cultive ou qu'on la délaisse ; société glorieuse, pure, charmante, composée d'amis fidèles et immortels, qu'on n'a ni la crainte de perdre, ni la douleur de pleurer. Dans ce commerce ravissant, au milieu des ineffables enchantements du génie des siècles, M. Langlois s'élevait avec Homère et Corneille, s'attendrissait avec Virgile et Racine, méditait avec Platon et Pascal, s'amusait aux récits merveilleux d'Hérodote, perfectionnait son goût avec Horace et Boileau, s'animait aux luttes passionnées de l'éloquence avec l'ennemi véhément de Philippe et l'irrésistible accusateur de Verrès, applaudissait, affligé, aux justices souveraines de Tacite, se confondait, surtout, d'admiration et de respect, devant le livre des livres, devant l'Évangile, œuvre adorable comme son auteur, code de douceur et de vérité, de pardon, d'espérance et d'amour, qui est la lumière de l'humanité, et en devrait être l'inflexible loi, dans le dédale des quelques jours mystérieux et difficiles que la Providence lui a imposés; et de ce contact sacré M. Langlois sortait agrandi, épuré, meilleur. L'homme ne vaut que par les inspirations d'en haut.

M. Langlois s'occupait peu de politique. Il avait bien ses opinions. Elles étaient nettes et fermes. Il n'était pas, toutefois, militant, parce qu'il croyait peu aux conversions, et qu'il n'en avait guère vu que d'intéressées; mais il aurait voulu que les constitutions des peuples, à peine connues de leurs auteurs, fussent dans les mœurs et non dans des chartes, pures conceptions de l'esprit, qu'invoquent ou que renversent, au gré de leur ambition, successivement tous les partis. Il aurait voulu que gouvernants et gouvernés eussent autant de souci de leurs devoirs que de leurs droits; que la magnanimité fût d'une part, l'obéissance de l'autre, et des deux côtés la noble confiance. Dans son amour de la paix publique, il avait un éloignement, mêlé de pitié, pour les rêveurs hasardeux, pour les penseurs téméraires, pour les régénérateurs de l'humanité, pour les réformateurs politiques, prétendus libéraux, soi-disant philanthropes, fallacieux amis qui, couvrant insidieusement leurs intérêts d'un voile de bienveillance, conduisent, en l'exploitant, le monde à sa ruine. Il trouvait que le temps, sans la hâte indiscrète des hommes, amène assez d'innovations.

M. Langlois ne passa point cependant sa vie dans une brillante mais stérile oisiveté. Il sut la rendre utile et l'honorer. Officieux et bienfaisant, il ne refusa jamais un service à ceux qui recouraient à ses lumières, ni son appui et son assistance à ceux qui faisaient appel à sa générosité ; et il mettait tant de tact et d'à-propos

dans son obligeance que le prix en était doublé.
Ordonné dans ses dépenses, il regardait l'éco-
nomie comme la source de la bienfaisance, et
la bienfaisance comme un impôt obligé. Aussi
éloigné de la prodigalité que de l'avarice, il
n'admettait dans son budget, toujours en ba-
lance, ni déficit ni superflu. C'est ainsi qu'avec
un modeste patrimoine il a pu se livrer à ses
compatissants entraînements. Il fut mêlé à toutes
les affaires délicates ou contentieuses de ses amis;
il fut initié à tous leurs malheurs, et combien de
personnes ne pourrions-nous pas citer qu'il re-
leva libéralement de leur détresse, ou qui du-
rent à la ferveur de son zèle et à son savoir la
conservation de leur fortune compromise ou de
leur tranquillité menacée! Il eut l'heureux avan-
tage, le plaisir délicieux de pouvoir souvent être
utile à ceux qu'il aimait, et d'augmenter ainsi
son bonheur en les y associant.

Malgré son éloignement pour les emplois,
M. Langlois ne se refusa pas toujours aux fonctions publiques. Quand il vit son pays troublé,
il crut qu'il était de son devoir de lui offrir ses
services, et il ne les lui marchanda pas. Il s'in-
scrivit hardiment parmi les amis de l'ordre, et
paya de sa personne dans toutes les occasions.

Nul n'était plus que lui dévoué à son pays, qu'il connaissait bien, et dont il ne désespéra jamais. Il savait que la France avait du ressort et que, quelque abaissée qu'elle fût par des esprits pervers et funestes, elle remonterait toujours noblement à la place qui appartient à sa puissance et à son génie.

M. Langlois était d'une nature douce et tempérée qui répugnait aux extrêmes. L'excessif le choquait en tout. Trop éclairé pour ne pas voir les misères de l'humanité, et trop sensible pour ne pas s'en émouvoir, il en gémissait, sans doute; mais c'était sans aucunement s'en irriter, et sa quiétude, qui pouvait paraître de l'égoïsme, était de la sagesse et de la raison. Les *haines vigoureuses* d'Alceste lui semblaient plutôt une faiblesse qu'une vertu : il s'en étonnait, et les récriminations et les colères étaient, à ses yeux, moins propres à corriger les travers des hommes qu'à leur donner une nouvelle énergie. Il penchait toujours vers la douceur et son indignation même était indulgente. Sa constante aménité le rendait sympathique à tous, et tous ceux qui le connurent furent ses amis; de son côté, les vicissitudes de la destinée ne changèrent jamais, pour eux, ses gé-

néreux sentiments. La bonté était le trait domi-
nant chez M. Langlois; la bonté, baume céleste,
génie du cœur, qui prévient et apaise tant de
maux, et qui nous rapproche de Dieu, par
l'imitation de son plus doux attribut.

Contrairement aux idées du jour, qui tendent
avec une si fatale constance à désarticuler la
société, M. Langlois s'attachait, dans sa sphère,
à en resserrer de tous points les liens. La famille, qui en était à ses yeux la base et l'image,
n'avait pas de partisan plus dévoué, et il com-
prenait dans la famille les serviteurs. Il traitait
les siens avec une bonté toute paternelle. Il avait
pour eux cette sorte de respect tutélaire que la
force doit à la faiblesse, et qu'un grand poëte
revendique, avec une autorité si haute, pour
l'enfance; et après les avoir largement rémuné-
rés pendant sa vie, il a largement assuré leur
existence après sa mort. Il a laissé un coupon de
rente de mille francs à la veuve de son domes-
tique, qu'il avait fait convenablement inhumer,
comme un de ses proches, et un coupon de
rente de cinq cents francs à son fils. Conduite
généreuse qui ne peut être ni assez applaudie,
ni trop imitée.

Personne n'avait plus d'esprit, et personne ne

s'en servait mieux que M. Langlois. On sortait
toujours content de son entretien parce qu'il
s'occupait moins de se faire valoir, que de faire
briller les autres. Il avait l'esprit le plus rare et
le meilleur, celui qui va droit aux cœurs,
parce qu'il vient lui-même du cœur, comme de
sa source naturelle.

M. Langlois était un intéressant causeur, un
conteur ingénieux et discret, qui avait l'art de
fixer l'attention et le soin de ne point la fati-
guer. Son temps était divisé en deux parties :
l'une appartenait au travail, père du savoir,
consolant ami des hommes ; l'autre à des délas-
sements nécessaires ; et s'il plaignait les infor-
tunés chargés de trop durs labeurs, il plaignait
bien plus encore les esprits oisifs qui, ne trou-
vant en eux-mêmes aucune ressource, aucun
secours, et croyant puérilement qu'on peut se
faire, à son gré, hors de soi, une existence toute
de plaisir, se condamnent à l'insupportable
ennui de se toujours amuser. Plus judicieux et
mieux avisé, M. Langlois jouissait avec modé-
ration de ses succès et paisiblement de la vie,
sans en épuiser les espérances, qui en sont le
divin trésor. Le monde ne se lassa jamais de lui,
parce qu'il ne se lassa jamais du monde. Ils

savaient réciproquement se plaire et s'aimer.

M. Langlois a publié diverses traductions en vers ; productions faciles et gracieuses de ses loisirs, que connaissent et qu'apprécient les gens de goût.

Cet homme excellent avait pour les auteurs de ses jours, comme on disait, en beau langage, autrefois, pour ses parents, comme on dit plus simplement aujourd'hui, une adoration digne de l'antiquité ; il se distingua constamment à les honorer, et il eût, au besoin, ainsi que Cléobis et Biton, pieusement traîné le char de sa mère. Ceux qu'il aima tant ne furent pas négligés en descendant au tombeau. Ses religieux hommages les y suivirent. Il y portait souvent ses prières et ses larmes. Il prenait soin d'orner lui-même de fleurs leur dernier asile, et ce poétique emblème de sa tendresse sera perpétué après lui par l'administration de l'Assistance publique, qu'il a richement dotée pour accomplir à sa place ce devoir touchant.

L'amitié, l'auguste amitié, fille de l'estime, qui résiste au temps et que le temps fortifie, fut aussi l'objet de son culte. Il en avait la sainte folie et outre-passait, s'il se peut, par un généreux excès, les sacrifices qu'elle ordonne. Ce magna-

nime sentiment, qui élève l'homme et le mul-
tiplie, en le faisant vivre dans les autres, lui
paraissait une preuve de l'existence de Dieu,
parce qu'il ne pouvait en expliquer, sans lui,
le sublime et surnaturel dévouement. Chamfort,
qui fut lui-même un fils exemplaire, aussi bien
qu'un ami tendre et fidèle, aurait assurément,
s'il avait pu le connaître, placé M. Langlois
dans ses souvenirs à côté de Dubreuil et de
Pehméja. Le nom d'ami avait dans sa bouche
quelque chose de pénétrant qui allait à l'âme,
et la tournait aisément en sa faveur.

Il n'était pas possible d'être plus que M. Langlois désintéressé, et il rougissait des calculs
mercenaires, des cupidités insatiables qui flé-
trissent tant de dévouements. Quant à lui, tout
à l'abnégation et tout à l'honneur, il ne tira jamais aucun lucre de ses travaux et ne remplit
que des fonctions purement gratuites. Il avait
été longtemps capitaine rapporteur près d'un
jury de révision de la garde nationale; poste
que recherchaient les avocats les plus renom-
més. Il était encore, dans ses derniers jours,
membre d'un comité cantonal de l'instruction
primaire, et cette charge modeste, où il rendit
de nombreux services, lui mérita le grade d'of-

ficier d'académie. Sa poitrine était ornée de la croix d'honneur.

Les obsèques d'un homme à tant de titres si recommandable ont été solennelles, recueillies, émues. Elles ont été conduites par ses cousins, MM. Doudement, et par M. Gaide, son médecin, son ami et le dépositaire de ses volontés suprêmes. On remarquait dans l'assistance plusieurs femmes distinguées par leur position élevée ou célèbres par leurs talents; une longue suite de pauvres, beaucoup d'enfants des écoles primaires, des sœurs de Saint-Vincent de Paul, des frères de la Doctrine chrétienne, et parmi ses nombreux amis, le prince de Montléar, le marquis de Boissy, le prince A. Demidoff, le comte de Bar, le général de la Rue, le curé de Sainte-Élisabeth, M. Arnaud Jeanty, M. Lenoir, membres du conseil municipal, M. Cœuré, maire adjoint, M. Boulanger, juge de paix, ainsi qu'une foule d'hommes notables: MM. A. Thomas, Verdot, Contesse, Haine, Cotelle, Dauban, Ségalas, docteur Fleury, Godquin, Judicis, Bourrière, Petit, etc., que nous ne pouvons tous nommer. L'affliction se peignait sur tous les visages, des larmes mouillaient tous les yeux, chacun disait du bien du dé-

funt ; et ce concert de tendresse, de douleur
et de regrets, a dû faire tressaillir son âme de
joie, si les choses de la terre sont encore senties
et appréciées dans le ciel.

M. Verdot a prononcé sur la tombe de
M. Langlois quelques paroles remplies d'atten-
drissement et de justice, qui ont produit une
vive sensation.

M. Langlois a dignement couronné sa vie par
des dispositions qui témoignent de son amour
pour les lettres, de sa charité, de ses fermes
attachements, de ses sentiments religieux, de
sa piété filiale. Il a légué quinze cents francs de
rente à l'Institut, pour être donnés en prix
annuellement *à l'auteur du meilleur ouvrage
traduit du grec, du latin ou de l'étranger,* huit
cents francs de rente aux pauvres de Paris,
deux cents francs de rente à M. le docteur Blan-
chet pour les aveugles et les sourds-muets, deux
cents francs de rente pour des prix à l'école primaire des frères de la rue Caffarelli, dont il fut
longtemps l'inspecteur, quatre cents francs de
rente aux pauvres et à la fabrique de Boissey-
le-Châtel, en souvenir des jours heureux que
sa famille avait passés dans cette commune,
où lui-même n'est jamais allé.

Sa tendre prévoyance n'a pas non plus oublié d'inscrire dans son dernier acte ceux qu'il aimait. Il a voulu survivre aussi à la mort pour eux, et les souvenirs posthumes qu'il leur a laissés, marques nouvelles de son affection, ont dû redoubler la leur, et y ajouter des sentiments de gratitude, apanage des âmes bien nées, qui les goûtent avec bonheur et les proclament avec effusion. M. Langlois a cherché dans sa plus étroite intimité, parmi les personnes qui excitaient le plus ses prédilections, un exécuteur testamentaire selon ses vœux. Il s'est arrêté sur M. le docteur Gaide. Quel plus digne continuateur aurait-il pu se choisir? Qui méritait mieux sa confiance que l'homme éclairé, sûr, diligent, qui veilla assidûment sur lui, qui était le confident fidèle de ses pensées, et qui l'entoura, jusqu'à sa fin, d'une si cordiale sollicitude?

M. Langlois, on le voit, n'a vécu que pour ses amis qui le pleurent, que pour les pauvres qui le bénissent, que pour la société qui sentira vivement sa perte, et qui ne saurait trop la déplorer. Que la terre lui soit légère et Dieu miséricordieux!

La mort si subite et si inattendue de M. Langlois a causé une cruelle surprise, une profonde affliction. J'en ressens tout particulièrement l'amertume. J'avais eu le bonheur de le connaître pendant les événements néfastes de juillet 1830. Je lui étais attaché par une invariable amitié de plus de trente ans. Tous deux nous aimions l'étude; j'avais ses idées et ses goûts; il m'était cher; il n'est plus, je le regrette; et si, un instant, j'ai pu trouver quelque adoucissement à mon chagrin, en offrant à sa mémoire cet insuffisant hommage, mon cœur, rendu bientôt à sa peine, reste sans consolation.

P. JOURDAN.

Décembre 1864.

Paris. — Typographie de Henri Plon, imprimeur de l'Empereur, rue Garancière, 8.

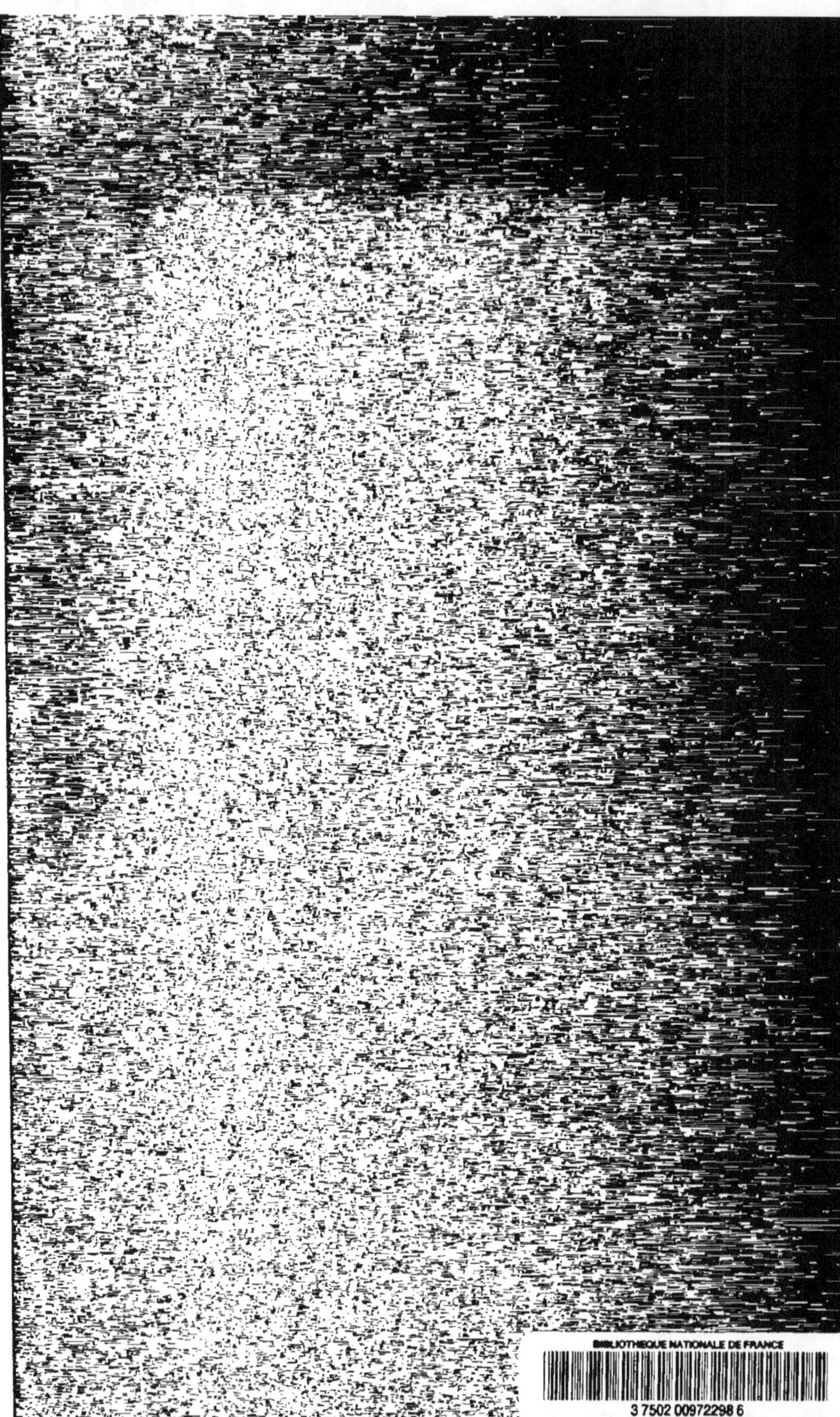